AF330941

# COUP-D'ŒIL

## D'UN AMI DE LA VÉRITÉ,

### SUR LES BASES

### DE LA NOUVELLE CONSTITUTION,

*Soumise par le Sénat à l'acceptation de S. M. Louis XVIII.*

J'AI lu presque en totalité les réflexions qui ont paru depuis huit jours pour et contre les bases de la nouvelle Constitution proposée, et j'ai vu que, selon l'usage, chacun, en invoquant le bien public, travaillait pour son parti ou son intérêt personnel, et qu'à l'aide de ce mot sacré, *patrie*, on tendait à rappeler dans son sein ces agitations funestes qui, après 25 ans d'égaremens et de vicissitudes, ont réduit cette belle et malheureuse France à recevoir la loi, quand elle aurait pu la donner.

Essayons donc de dire une fois la vérité, de la dire sans passion, sans arrière-pensée, sans accuser personne, puisqu'il faudrait accuser trop de monde, et soumettons à l'opinion publique les moyens qui nous paraissent propres à donner au peuple une tranquillité qui lui est devenue si nécessaire, et à assurer au Prince qui va nous gouverner le seul genre de puissance et de gloire qu'un bon Roi puisse ambitionner.

Tout ce qui s'est dit jusqu'ici sur la nouvelle Constitution, se réduit à ces trois principales questions :

Faut-il une Constitution en France ?

Le Sénat avait-il le droit d'en présenter les bases ?

L'a-t-il fait d'une manière conforme aux vœux de la Nation, et convenable à sa position actuelle et à ses intérêts bien entendus ?

### PREMIÈRE QUESTION.

*Faut-il une Constitution en France ?*

Il me semble qu'on peut résoudre cette question par l'affirmative, s'il est vrai qu'une Constitution soit un pacte qui détermine les devoirs et les droits respectifs du Peuple et du Prince choisi pour le gouverner, et qui garantisse à tous les deux l'observation des uns et l'exercice des autres.

Quelques personnes pensent qu'une Constitution est inutile; elle l'est, disent-elles, parce que toutes celles qui nous ont été données depuis vingt ans n'ont jamais servi de frein à l'autorité, et surtout parce que le Prince qui nous est rendu nous offre pour gage de sécurité ses principes, l'expérience du malheur et son habitude de vivre au milieu d'un peuple éclairé, dont les institutions sociales devraient servir de bases à toutes les Nations.

Tout cela, j'en conviens, suffit pour rassurer quelques personnes, mais ne saurait donner la sécurité à tout un peuple.

Dire qu'une Constitution est inutile, parce qu'elle a souvent été violée, c'est nier la nécessité des lois, parce que quelques hommes astucieux ont pu s'y soustraire.

Dire qu'elle est inutile, parce que la Providence nous a rendu un Prince juste, éclairé, instruit à-la-fois par la leçon du malheur et par l'exemple d'un peuple bien gouverné, c'est sacrifier au présent les incertitudes de l'avenir; c'est payer la dette du sentiment aux dépens de la prudence et de la raison; enfin c'est oublier qu'un Roi ne fait pas toujours le bien qu'il veut.

A côté de Louis XII et d'Henri IV,

l'histoire nous montre Louis XI et Charles IX ; nous y voyons, près d'un Roi ferme qui gouverne, des Rois faibles qui sont gouvernés.

Une bonne Constitution pourvoit à tout : si le Roi est ferme et juste, il ne doit pas craindre de donner à son peuple une garantie sociale. S'il est faible et bon, il doit desirer de la lui donner. Ce Code lui servira d'égide contre l'influence de ses ministres, les importunités du patronage, et les prétentions indiscrètes que l'orgueil enfante toujours, et que les évènemens qui viennent de se passer ne manqueront pas de réveiller de toutes parts. Enfin, si nous étions gouvernés plus tard par un despote, cette Constitution deviendrait sinon un frein pour le pouvoir, du moins un acte d'accusation continuelle, à la faveur duquel la Nation pourrait appeler tous les peuples à la défense de ses droits.

## DEUXIÈME QUESTION.

*Le Sénat avait-il le droit de présenter les bases de la nouvelle Constitution ?*

Tout ce qui s'est dit de contraire à ce droit, m'a paru oiseux et peu raisonnable.

En effet, le peuple, d'après la Constitution existante, n'est représenté que par le Sénat et

le Corps législatif ; ce dernier, à l'époque du
1er avril, n'était pas réuni ; ses membres étaient
dispersés dans toute la France, dont une partie
était au pouvoir des alliés, et l'autre occupée
par des troupes françaises encore dévouées à
l'empereur Napoléon. Dans cet état d'incerti-
tude et d'anxiété, il fallait agir promptement ;
car le moindre retard, en réveillant les espé-
rances de tous les partis, pouvait replonger la
France dans des malheurs plus grands encore
que ceux auxquels elle venait d'échapper. Si
l'on ajoute à ces motifs d'une impérieuse nécessité l'invitation faite au Sénat par les Souverains
alliés de s'occuper de la formation d'un Gouvernement provisoire, on ne peut concevoir sur
quoi repose l'opinion de ceux qui récusent la
compétence du Sénat.

On trouve étrange aussi que le Sénat, en ap-
pelant au trône Louis XVIII, lui impose l'obli-
gation d'accepter la Constitution. Louis XVIII,
dit-on, était l'héritier présomptif de la couronne,
et il n'avait pas besoin du Sénat pour régner.

Cette opinion me paraît subversive de tout
principe social. Un Roi qui règnerait sans la
volonté du peuple, n'aurait qu'un pouvoir
usurpé ; et dans tous les temps, l'héritier du
trône de France jurait, avant d'y monter, de

respecter et de faire respecter les Constitutions de l'Etat. On fait d'ailleurs ici, ce me semble, du droit d'hérédité une application inexacte. Ce n'était plus la dynastie des Bourbons qui régnait, c'était celle de Bonaparte. L'examen des causes qui l'avaient placé sur le trône, n'est pas ce qui doit nous occuper en ce moment. Napoléon était de fait Empereur des Français, et il l'était de droit, puisque le peuple l'avait reconnu comme tel, et qu'en cette qualité il avait fait avec toutes les puissances de l'Europe des traités de paix, de commerce, et même des alliances. De très-grandes fautes lui ont aliéné l'amour et l'obéissance de son peuple. Ce peuple incessamment malheureux, agité, froissé dans ses plus chers intérêts, ne trouvant de consolation que dans le souvenir des temps qui ont précédé ses erreurs, a rappelé dans son sein les Bourbons qu'il en avait si odieusement expulsés. Mais cette auguste famille, en recouvrant ses droits, n'a-t-elle pas aussi des devoirs à remplir ? Et le premier de tous, le plus doux pour son cœur, n'est-il pas de garantir solennellement à la Nation l'oubli du passé ?

Ainsi, le Sénat avait le droit d'agir dans cette circonstance, comme il l'a fait, et son seul tort se réduit à nommer Constitution ce qui n'est en effet que les bases préliminaires d'une Constitution.

Cette Constitution, quand elle aura été méditée et discutée par qui de droit, devra être soumise à l'approbation du peuple et à la sanction définitive du Roi.

Or, s'il est vrai que le Sénat ait fait ce qu'il devait dans cette dernière occasion, pourquoi revenir avec tant d'acharnement sur les erreurs et les torts du passé? Pourquoi demander à grands cris son renversement et aller même jusqu'à prétendre qu'il n'existe plus par le fait. Il n'y a de renversé jusqu'ici que le gouvernement de Bonaparte, et quand il faut confondre tous les intérêts, réunir tous les esprits, étouffer tous les ressentimens et tous les germes de discorde, il n'est pas d'un bon citoyen de provoquer la proscription de tant d'hommes instruits, dont le despotisme a paralysé l'énergie, sans la détruire peut-être, et qui ont pour la plupart, ailleurs qu'au Sénat, rendu de grands services à la patrie. Certes! je ne suis point le défenseur de ce Sénat; je crois, avec la saine majorité de la nation, que par sa continuelle faiblesse et son aveugle déférence aux volontés de Bonaparte, il s'est rendu l'agent indirect de nos malheurs ; je crois que , dans les premiers temps du pouvoir consulaire, il était possible d'enchaîner son ambition naissante.

En me jugeant avec cette complaisance que nous avons si naturellement pour nous-mêmes, je me suis dit cent fois que, si j'avais eu l'honneur d'être l'organe du peuple, j'aurais défendu ses droits ou cessé de le représenter. Eh bien ! par un retour humain sur moi-même, j'ai reconnu que je m'abusais.... L'honnête homme résiste à un pouvoir limité , mais il faut qu'il cède à un pouvoir sans bornes. Voilà ce que le despotisme a d'affreux, c'est que, ne respectant rien , il doit momentanément triompher de tout. L'homme ne peut être à la fois sans ambition , sans vanité, sans crainte , et surtout sans affections. Ce qu'il ne redoute pas pour lui, il tremble d'y voir les siens exposés; attaqué de toute part par le desposte , il lui décèle l'endroit sensible et succombe......

Ainsi, refusons notre estime au Sénat, qui n'a pas atteint le but de son institution, mais ayons de l'indulgence pour les individus qui le composent, en pensant que nous sommes tous des hommes, et qu'à leur place nous n'eussions peut-être pas mieux fait. Français ! lorsqu'à peine échappés à la fureur des flots, nous entrevoyons le port tant desiré ; quand nous touchons au moment de jeter l'ancre du salut sur le sol sacré de la paix , ne songeons au passé que pour mieux profiter de l'avenir....



*Les bases de la Constitution présentées par le Sénat, sont-elles convenables à la position où se trouve la France et à ses intérêts bien entendus ?*

Je le répète, on ne peut pas considérer l'acte provisoire du Sénat comme une Constitution définitive. Mais, à l'exception de quelques modifications et de trois articles qui me paraissent inconvenans et même dangereux, il me semble que le Sénat devait insister, comme il l'a fait, pour que S. M. daignât donner son adhésion à des bases sur lesquelles reposent l'existence et la sûreté d'un grand nombre de Français. Une fois ces bases reconnues, rien n'empêche que le pouvoir représentatif institué ou à instituer ne travaille aussi long-temps qu'il sera nécessaire au grand œuvre d'une Constitution. Mais l'âme s'attriste , quand on résume les diverses opinions qui ont été émises à ce sujet. Presque toutes respirent l'esprit de parti plus que le sentiment du bien. Mon Dieu ! quand cesserons nous donc d'avoir des partis ? Au lieu de nous armer contre ce Sénat, de chercher à prouver son incompétence , de décider qu'il faut telle Constitution plutôt que telle autre, ou que même il n'en faut pas du tout ; au lieu de mêler à tant de raisonnemens superflus des sophismes , de l'aigreur , des personnalités , discutons froidement ce qui ne nous paraît pas bien, et présentons à l'autorité légale un plan de Constitution. C'est ainsi , et non par de vaines déclamations qui aigrissent les hommes sans arranger les choses, que nous pouvons rendre utile la liberté de la presse et acquérir des droits à l'estime publique.

Moi qui n'ai pas le talent de faire un plan de Constitution , qui ne sais pas assortir tous les anneaux du chaînon social , je me bornerai à émettre mon opinion sur les articles 3 , 6 et 7.

« Article 3, portant que l'ancienne Noblesse « reprendra ses titres et que la nouvelle conservera les siens. »

Cette disposition est au fond de toute justice ; mais je regrette qu'on ne se soit pas servi d'autres termes dans la rédaction d'un article aussi important. Pourquoi cette démarcation de mots entre des hommes qui ont les mêmes droits à notre considération ? il me semble qu'il eût mieux valu dire : *Il n'y a qu'une Noblesse en France ; tous les Français porteurs de titres, quelle qu'en soit l'origine, en font partie.*

Une telle opinion peut effaroucher l'orgueil mais la raison y applaudit. Tous, nous n'avons plus qu'un Roi, qui lui-même n'a plus qu'un peuple. L'honneur, le courage, le dévouement sont de tous les temps et de tous les lieux. La même cause doit nécessairement produire le même effet, et je n'hésite pas à dire que, si Bayard existait encore, il ne se croirait pas déplacé auprès du loyal et valeureux Eugène. Si l'ancienne noblesse cite avec orgueil les Turenne, les Catinat, les Luxembourg, la nouvelle n'a pas moins d'éclat sous les auspices des Magdonald, des Mortier, des Suchet, et de tant d'autres braves, qui occupent la pensée de tout ce qu'il y a de grand et d'honorable sur la terre, et qui suffiraient, en se perpétuant, pour annoblir le monde entier.

Brave Noblesse française de tous les temps, réunissez-vous, ralliez-vous autour du Trône d'Henri IV, et la France réparera bientôt ses malheurs !....

« Articles 6 et 7, portant que le Sénat est

« héréditaire ; que les membres du Sénat
« actuel jouiront en toute propriété des dota-
« tions et revenus sénatoriaux ; que les mem-
« bres nouvellement admis ne recevront aucun
« traitement ; qu'enfin le fils d'un Sénateur
« pourra succéder à son père, à 21 ans. »

Je cherche en vain des motifs pour légitimer
de semblables dispositions ; j'y trouve toujours
le bien public et la diguité de la représentation
nationale , sacrifiés à l'intérêt de quelques fa-
milles patriciennes. Comment concilier l'idée
d'un Sénat héréditaire avec le principe qui
nous donne à tous l'accès aux emplois civils ?
Il est possible qu'on ne fasse pas toujours ce
qu'on dit ; mais pourquoi dire, en même temps,
des choses si évidemment contradictoires ?
n'est-ce pas détruire tout principe d'émulation ?
Les titres , les dignités, les honneurs peuvent
être héréditaires ; on peut récompenser par là
un homme qui fut utile, dans la personne de
ses successeurs , parce qu'alors le Prince est
généreux, sans cesser d'être juste. Mais il n'en
est pas ainsi d'une fonction publique, et surtout d'une fonction qui a pour objet la défense
ou la conservation des droits du peuple.

Quand le Roi nommera un Sénateur, il est
possible que son choix ne soit pas toujours

également heureux ; cependant je puis le sup-
poser bon ; mais qui m'assurera que le fils
d'un homme vertueux et éclairé héritera des
qualités de son père, comme il hérite de ses
biens et de ses emplois ? Comment suppo-
serai-je qu'un jeune homme de 21 ans, environné de tous les prestiges de l'opulence, bercé
de toutes les illusions de la jeunesse, en butte à
tous les orages des passions, se livrera de
cœur et d'esprit à la défense de mes droits ?
où aura-t-il, d'ailleurs, acquis cette connais-
sance des hommes et des choses, si nécessaire
à l'homme d'Etat ? éprouvera-t-il le besoin de
s'instruire, quand il lui a suffi de naître, pour
faire partie du premier corps de l'Etat ? Non :
l'homme n'a pas une tendance naturelle vers
l'étude, et si par hasard il la préfère au
plaisir ou à l'indolence, c'est qu'il a devant lui
un but qu'il veut atteindre. Oter l'émulation
à l'homme, c'est détruire en lui le germe de
tous les talens et de toutes les vertus ; c'est le
rendre à l'esclavage de ses passions ou à la
nullité de l'indifférence.

On cherche à justifier cette innovation par
l'exemple de l'Angleterre où la chambre-haute
est héréditaire. Je rends justice au peuple an-
glais ; il nous offre sans doute beaucoup d'ins-

titutions libérales que nous pourrions adopter, en les appropriant à nos mœurs et à la localité. Mais notre imitation ne doit pas être servile, absolue, et en cela je crois que nous pouvons nous dispenser de lui ressembler.

Indépendamment de l'hérédité, le Sénat s'approprie, à l'exclusion des membres à intervenir, une partie de la fortune publique.... Il se met ainsi dans une position qui peut être favorable à ses intérêts, mais qui ne me paraît pas susceptible d'appeler sur lui la considération dont il a besoin d'être environné. Les Sénateurs qui rempliront gratuitement ces fonctions, seront ou paraîtront plus recommandables à tous les yeux ; et c'est encore un de ces moyens que la fatalité semble inspirer aux hommes, pour introduire la discorde parmi eux.

Il serait sans doute préférable que les fonctions de Sénateur fussent gratuites, la munificence du Prince dût-elle pourvoir d'ailleurs à ce que les membres de cette assemblée qui n'ont point de fortune eussent une existence honorable. Mais si quelques Sénateurs ont un traitement, tous doivent en avoir.

Je terminerai là mes observations. J'ai dit avec sincérité ce que je pense. Si je me suis trompé, c'est du moins de bonne foi. Peut-être j'aurai peu de partisans, précisément parce que je ne suis d'aucun parti ; mais je suis l'ami des hommes : je désire, par-dessus tout, leur bonheur et leur tranquillité, et je ne serai pas sans récompense, si les honnêtes gens de tous les partis reconnaissent et apprécient la droiture de mes intentions.

IMPRIMERIE DE CHAIGNIEAU AÎNÉ,
rue de la Monnaie, n° 11.